1566

L'OMBRE
DE
VOLTAIRE
AUX CHAMPS ÉLISÉES,
COMÉDIE BALLET.

L'OMBRE DE VOLTAIRE

AUX CHAMPS ÉLISÉES,

COMÉDIE BALLET;

EN PROSE ET EN VERS,

EN UN ACTE,

Dédiée aux Mânes de ce grand Homme.

PAR M. MOLINE.

» J'éleve ce trophée aux Mânes de Voltaire.
» Jamais aucun Esprit ne fut égal au sien:
» Philosophe, Orateur, Poëte, Historien,
» Lui seul de tous les Arts a franchi la carriere.

A PARIS;
Chez J. FR. BASTIEN, Libraire, rue du Petit Lion,
Fauxbourg S. Germain.

M. DCC. LXXIX.
Avec Approbation & Permission.

ACTEURS.

HOMERE.
SOPHOCLE.
ANACRÉON.
SAPHO.
VOLTAIRE.
ZOILE, *Poëte satirique, contemporain d'Homere.*
PLUTON.
MINOS.
RADAMANTHE.
APOLLON.
LES OMBRES D'ÉLISÉE.
SUITE DE PLUTON.

La Scène est aux Champs Élisées.

L'OMBRE
DE
VOLTAIRE,
COMÉDIE BALLET.

✕✕✕✕✕✕✕✕✕✕✕ ✕✕✕✕✕✕✱✕✕✕✕✕

Le Théâtre repréſente les Champs Eliſées & le rivage du fleuve Léthé dans l'éloignement. On voit ſur le côté un banc de gazon entouré de Myrthes & de Roſiers.

SCÈNE PREMIERE.

MINOS, RADAMANTHE & pluſieurs OMBRES qu'on ne voit pas.

LES OMBRES, derriere le Théâtre s'écriant toutes à la fois.

Mercure! Caron! un livre? un livre?....

MINOS, *accourant avec surprise.*

Quel bruit confus viens-je d'entendre du côté du Stix!... Radamanthe? Apprends-moi quel sujet peut troubler ainsi le repos des ombres de l'Elisée?

RADAMANTHE.

C'est le Messager des Dieux qui conduit ici un Auteur des plus célèbres : il distribue ses Ouvrages à toutes les Ombres & voilà ce qui excite leurs acclamations?

TOUTES LES OMBRES *ensembles derriere le Théâtre.*

Mercure! un livre! un livre!...

MINOS.

C'est la premiere fois qu'à l'arrivée d'un Auteur je vois tant d'Ombres rassemblées demander ses ouvrages : tu sçais, Radamanthe, la différence qu'il y a des anciens & des modernes : ces derniers ne font que glaner dans le champ fertile où les autres ont eu de si riches moissons ; & il faut que celui-ci soit d'une espece fort rare.

RADAMANTHE.

Je l'apperçois qui descend de la barque de Caron....

COMÉDIE BALLET.

MINOS, *regardant avec attention dans l'eloignement.*

Quel est ce vieillard qui vient de l'embrasser?

RADAMANTHE.

C'est le Poëte Homere.

MINOS.

Il vient de ce côté; il faut l'appeller; & il nous dira quelle est cette Ombre nouvelle.... Homere! Homere!

SCÈNE II.

MINOS, RADAMANTHE, HOMERE.

HOMERE, *lisant un livre sans faire attention à Minos & à Radamanthe.*

(*Il déclame.*)

(*La Henriade.*)

« JE chante ce Héros qui regna sur la France,
» Et par droit de conquête, & par droit de naissance.

RADAMANTHE, *à Minos.*

Il est dans l'enthousiasme.

A iv

8 L'OMBRE DE VOLTAIRE;
MINOS.
Il ne nous apperçoit point, il faut l'aborder.

LES OMBRES *derriere le Théâtre.*

Mercure ! un livre ! un livre !...

MINOS.
Mais le bruit redouble: d'où vient que Mercure n'appaise point cette discorde.

HOMERE, *déclamant toujours sans les voir,*
(*La Henriade.*)

« La Discorde aussitôt plus prompte qu'un éclair
» Fend d'un vol assuré les campagnes de l'air.
» Par-tout chez les Français, les troubles, les allarmes
» Présentent à ses yeux des objets pleins de charmes ;
» Son haleine en cent lieux répand l'aridité,
» Le fruit meurt en naissant dans son germe infecté,
» Les épis renversés sur la terre languissent ;
» Le Ciel s'en obscurcit, les Astres en pâlissent ;
» Et la foudre en éclats qui tombe sous ses pieds,
» Semble annoncer la mort aux peuples effrayés.

(*Avec transport.*)

O Sublime allégorie.

(*Il prend la fuite.*)

COMÉDIE BALLET.

SCÈNE III.

MINOS, RADAMANTHE, SOPHOCLE.

RADAMANTHE.

Homere! Homere!... il a disparu... mais voici Sophocle, celui-ci ne m'échappera pas. (*Il arrête Sophocle dans le lointain.*)

MINOS, *à part.*

Je n'ai jamais vu tant de confusion parmi les Ombres! tous les échos retentissent encore de leurs clameurs! si cela continue, je crois que Pluton aura beaucoup de peine à maintenir ici le bon ordre & la tranquilité.

SOPHOCLE, *tenant un livre.*

Oui, Radamanthe, vous me voyez dans l'admiration! s'il faut juger cette Ombre par cet ouvrage, c'est un des plus grands Génies... En un mot, il se nomme Voltaire.

MINOS.

Voltaire! ce nom célèbre m'est connu, c'est un grand Poëte Français & je lui dois beaucoup

L'OMBRE DE VOLTAIRE,
de ce qu'il a fait connaître mes loix (*) dans un Drame nouveau.

SOPHOCLE.

C'est à vous, sévère Minos, que l'Art de la Tragédie est dû en partie ; Athênes m'a vû marcher sur vos traces avec beaucoup de gloire, mais cette Ombre nouvelle vient de porter cet Art chez les François à son plus haut degré de perfection. Vous connoissez l'Œdipe de Sophocle, jugez par ce fragment de l'Œdipe de Voltaire. (*Il déclame.*)   (Œdipe.)

» Le voilà donc rempli, cet Oracle exécrable !
» Dont ma crainte a pressé l'effet inévitable ;
» Et je me vois enfin par un mélange affreux
» Inceste, parricide & pourtant vertueux.
» Impitoyables Dieux ! mes crimes sont les vôtres !
» Et vous m'en punissez !... Où suis-je !... Quelle nuit
» Couvre d'un voile affreux la clarté qui nous luit !
» Ces murs sont teints de sang... Je vois les Euménides
» Secouer leurs flambeaux vengeurs des parricides.
» Le tonnere en éclats semble fondre sur moi...
» L'Enfer s'ouvre !.. O Laïus ! ô mon pere ! est-ce toi ?
» Je vois, je reconnais la blessure mortelle
» Que te fit dans le flanc cette main criminelle...
» Punis moi ! venge-toi d'un monstre détesté !...
» D'un monstre qui souilla les flancs qui l'ont porté...

(*) Les Loix de Minos.

» Approche !.. entraîne-moi dans les demeures sombres !
» J'irai de mon supplice épouvanter les Ombres !...
» Viens... je te suis...

MINOS, *avec transport.*

O grand homme ! quelle force dans tes expressions ! quelle vérité dans tes images !

RADAMANTHE.

C'est le langage sublime du Dieu de la Poésie.

SOPHOCLE.

Pour moi je m'avoue vaincu ; & je cede à mon rival tous les lauriers dont la Grèce a couronné ma tête.

LES OMBRES, *derriere le Théâtre.*

Mercure ! Mercure ! un livre ! un livre !...

MINOS.

Quelle rumeur ! ces Ombres ne se lasseront point de crier ! suis moi, Radamanthe, allons mettre fin à leur dispute ! (*Ils sortent.*)

SOPHOCLE, *à part.*

Et moi je vais admirer en silence les beautés de ce chef-d'œuvre. (*Il sort.*)

SCÈNE IV.

SAPHO, ANACRÉON, *couronnés de roses.*

S A P H O, *soutenant Anacréon.*

VENEZ, suivez mes pas cher Anacréon : la tendre Sapho ne veut jamais se séparer de vous : éloignons-nous du tumulte & cherchons ici la tranquilité qui regne sans cesse dans l'Elisée. Ce lieu champêtre qu'arrose le fleuve Léthé nous invite à gouter les douceurs du repos : asseyons-nous sous l'ombrage de ce myrthe fleuri ; entrelacé de roses il semble avoir été élevé par la nature pour servir de trône aux Amants fortunés.

Ier. Air.

Dieu des amants & des plaisirs !
Sapho n'est plus sous ton empire :
Tu fus l'objet de mes soupirs,
C'est toi qu'ici mon cœur desire.
Tout me rappelle en ce jour
Le souvenir de mon amour.

II. ANACRÉON *à Sapho.*

Mon cœur jouit auprès de vous
De sa félicité passée ;

Loin des fâcheux & des jaloux
Goutons la paix de l'Elifée ;
Ne formons plus de vains defirs,
Célébrons d'innocens plaifirs.

III. SAPHO.

Doux Souvenir ! charme flatteur !
Heureux inftans que je regrette !
Vous feuls faifiez tout mon bonheur
Et mon efprit s'en inquiete ;
Ne rappellons dans ce féjour
Que nos plaifirs & notre amour !

IV. ANACRÉON à Sapho.

Ces bois, ces champs délicieux
Du doux repos m'offrent l'azile ;
Le vif éclat de vos beaux yeux
N'y trouble point mon cœur tranquile.
Enfemble. { Ne craignons plus dans ce féjour
{ Les traits charmants du tendre amour

ANACRÉON.

Oui charmante Sapho, mon ame éprouve fans ceffe une volupté pure, & fur ce lit de gazon je me trouve couché auffi mollement que dans les bofquets de Cythère ou d'Amathonte. Mais à propos, avez-vous remarqué que la barque de Caron n'a jamais été fi pleine de livres ; il y en a de toutes fortes de genres, & ils font tous composés par un seul Auteur. L'antiquité la plus reculée n'a jamais produit une telle merveille.

SAPHO.

J'en conviens. Mercure & Caron ne cessent point de distribuer ces Livres à toutes les Ombres qui leur en demandent : je crois même qu'ils en auront assez pour en fournir à tout l'Elisée.

ANACRÉON.
(Il lit.)

Le hazard m'a fait avoir celui-ci : *Mélanges de poësies*.

SAPHO.
(Elle lit.)

Mercure m'a donné celui-là : *Vers Anacréontiques, avec la description du Temple de l'Amour*. Ah ! que je suis heureuse ! j'ai vu construire ce temple dans ma plus tendre jeunesse, & tous les détours m'en sont bien connus. Sans doute ce Poëte n'aura rien oublié dans la peinture d'un séjour si voluptueux.

ANACRÉON.

Je le connois aussi bien que vous, tendre Sapho, j'y faisois presque toujours ma résidence, & je serai charmé de vous en entendre faire le récit.

COMEDIE BALLET.

SAPHO, *declamant*.

Je vais vous satisfaire.

» Sur les bords fortunés de l'antique Idalie,
(*La Henriade*.)
» Lieux où finit l'Europe & commence l'Asie,
» S'élève un vieux palais respecté par le tems,
» La nature en posa les premiers fondements ;
» Et l'art ornant depuis sa simple architecture
» Par ses travaux hardis surpassa la nature....
» Là ! tous les champs voisins peuplés de myrthes verds
» N'ont jamais ressenti l'outrage des hivers.

  Dans cette aimable solitude
  L'ennui n'étend pas son pouvoir,
  Le plaisir y fait notre étude,
  Et le bonheur notre sçavoir.

  Les plus beaux myrthes de Cythère
  Ne naissent que pour nous parer ;
  Nous passons les jours à nous plaire,
  Et les nuits à nous désirer.

  A nos vœux rien ne porte ombrage,
  Et nous passons rapidement
  Du sentiment au badinage,
  Du badinage au sentiment.

  Ici l'amour & la constance
  Enchaînent la félicité,
  Les pleurs se donnent à l'absence,
  Jamais à l'infidélité.

ANACRÉON *vivement.*

Ah Sapho ! vous venez de retracer à mon esprit l'image du bonheur !

SAPHO.

Pour moi je crois encore habiter cette charmante retraite.

L'OMBRE DE ZOÏLE *derriere le théâtre.*

O rage ! ô désespoir !

Plusieurs OMBRES *qui éclatent de rire, & qu'on ne voit pas.*

Ha ! ha ! ha ! ha !

SAPHO *se levant.*

On vient déja nous interrompre ; éloignons-nous d'ici....

ANACRÉON *se levant.*

Que vois-je ! c'est l'ombre de Zoïle ! fuyons ce satyrique personnage !

SAPHO.

Zoïle.... ce nom seul désigne sa malignité. Allons nous promener sur le rivage du fleuve enchanté, & ne quittez jamais Sapho.

(*Ils s'éloignent.*)

SCÈNE

SCÈNE V.

MINOS, RADAMANTHE, ZOÏLE, TROUPE D'OMBRES.

ZOÏLE.

Oui ; puissants Juges des Enfers ; c'est en-vain que Mercure & cette foule d'Ombres qui l'environnent, veulent préconiser un amas ridicule d'Ouvrages dont Caron a rempli sa barque, apprenez que cet Auteur moderne qui excite leur transports n'atteindra jamais la haute renommée de Zoïle ; & je lui dispute la place qu'il vient occuper dans l'allée des Poëtes.

RADAMANTHE.

Mais son nom est célébré partout.

ZOÏLE.

Il doit être mis dans l'oubli.

MINOS.

Il ne manque rien à sa gloire.

ZOÏLE.

Il l'a acquise injustement.

RADAMANTHE.

Vous n'en ferez pas crû fur votre parole.

ZOÏLE.

Mes Satires & mes Critiques, ont toujours paffé chez les Grecs pour autant d'Oracles ; & mon éloquence confirmera à la poftérité l'ignorance de ce Poëte.

MINOS, *gravement.*

Ce ne fera jamais devant les Miniftres des Enfers.

ZOÏLE.

Eh bien, j'en appelle au jugement de Pluton?

MINOS.

J'y confens, mais je l'apperçois fur le rivage du fleuve, & je vais l'engager à décider lui-même cette queftion. (*Il fort.*)

SCÈNE VI.

ZOILE, RADAMANTHE, LES OMBRES.

ZOÏLE, *à part.*

VOICI l'inftant de mon triomphe !

RADAMANTHE, *aux Ombres.*

Pluton va bientôt paroitre, que l'on dreffe à l'inftant fon Tribunal. (*Les Ombres dreffent un Tribunal pour Pluton & apportent deux fiéges qu'elles placent à chaque côté. Pluton arrive accompagné de Minos & de fa fuite, fur l'air d'une Marche.*)

SCÈNE VII.

RADAMANTHE, ZOILE, PLUTON, MINOS, LES OMBRES, SUITE DE PLUTON.

PLUTON, *à Minos.*

ME voilà bien au fait du différent de ces deux Auteurs ; & il s'agit à préfent d'entendre leurs raifons ; voila fans doute l'accufateur ?

(*Zoïle s'incline devant Pluton.*)

B ij

MINOS, *à Pluton.*

C'est lui-même.

PLUTON.

Radamanthe ! Amenez devant moi l'accusé ?

RADAMANTHE.

Je crois l'appercevoir au milieu de ces Ombres ; je vais le conduire devant votre Majesté. (*Il va audevant de Voltaire, qu'il ammene auprès de Pluton.*)

SCÈNE VIII.

PLUTON, MINOS, RADAMANTHE, ZOILE, VOLTAIRE, LES OMBRES, *suite.*

MINOS, *à Voltaire.*

APPROCHEZ vous du Trône de Pluton, Ombre vénérable ! & défendez-vous contre ce Satyrique, qui vous dispute l'honneur d'occuper une place dans l'allée des Poëtes.

VOLTAIRE, *reculant d'horreur.*
(*A part.*)

O ciel !.... C'est l'ombre de Zoïle !

ZOÏLE, *à part.*

Mon aspect l'épouvante.

MINOS, *à Voltaire.*

Vous paroissez interdit, & vous frémissez...; N'auriez-vous pas le courage de répondre à un adversaire qui vous attaque si témérairement.

VOLTAIRE.

Puissant Minos ! équitable Radamanthe ! & vous grand Monarque des demeures sombres ! Dispensez-moi de lui parler : j'ai eu la foiblesse sur la terre de m'offenser des injures de ses semblables ; mais plus prudent aux Enfers, le silence & le mépris font toute ma réponse.

PLUTON.

Minos ! Ouvrez le livre du Destin ; & dites-moi les noms & qualités de ces deux Ombres ?

MINOS, *ouvrant le livre.*

(*Il lit.*)

Zoïle, (*Zoïle s'incline.*) Auteur Satyrique & Poëte très-médiocre, de l'ancienne Grèce : il ne s'est fait une réputation qu'en déchirant les Ouvrages immortels du divin Homere, dont il étoit l'ennemi implacable.

ZOÏLE, *à part.*

Voilà un sot panégirique.

MINOS, *continue*.

(*Il lit.*) Voltaire !..... (*Voltaire s'incline.*) Poëte Français & Auteur universel : il étoit l'ornement de la plus illustre Académie ; de grands Souverains l'appelloient leur ami ; humain, charitable, compatissant, il se plaisoit à faire des heureux, & il est devenu par ses talens l'honneur & la gloire de sa Nation.

TOUTES LES OMBRES, *ensemble*.

Honneur à cette Ombre ! honneur à cette Ombre !

ZOÏLE.

(*A part.*) Personne n'est ici contre lui..... N'importe ! il ne faut pas me déconcerter..... (*Haut.*) Ombres ! & vous, Ministres des Enfers ! ne vous laissez point séduire par de vains éloges : je vous prouverai devant Pluton que les hommages que ce Poëte a reçus sur la terre étoient l'ouvrage de la flatterie ; & qu'il n'a jamais rimé qu'en dépit d'Apollon & de Minerve.

(*Il déclame.*)

(*Art Poétique.*)

» C'est en vain qu'au Parnasse un téméraire Auteur
» Pense de l'art des Vers atteindre la hauteur
» S'il ne sent point du Ciel l'influence secrette ;
» Si son astre en naissant ne l'a formé Poëte :
» Dans son génie étroit il est toujours captif ;
» Pour lui Phœbus est sourd & Pégaze est rétif.

(*A Pluton.*) Voilà le destin de ce foible génie que l'Elisée admire : Ombres judicieuses ! reconnoissez votre erreur, & ne lui donnez point une place que mes talens ont droit de lui disputer.

(*Pendant ces dernieres paroles, Sophocle, Anacréon & Sapho arrivent.*)

SCÈNE IX.

PLUTON, RADAMANTHE, MINOS, ZOILE, VOLTAIRE, SOPHOCLE, ANACREON, SAPHO, LES OMBRES, SUITE DE PLUTON.

SOPHOCLE, *à Zoïle qu'il interrompt.*

ARRÊTE, ambitieux Zoïle ! quoi ! ton orgueil insuportable a l'audace de t'élever au-dessus du plus grand génie ? Le pigmée est-il fait pour se comparer au géant ? Eh ! comment oses-tu mettre en parallele tes satyres ameres & tes fades critiques, avec les talens d'une ame sensible dont les écrits immortels respirent le bonheur des hommes ; apprends que Sophocle cede avec respect à Voltaire la place qu'il occupe dans l'Elifée! (*à Voltaire.*) Ombre fublime! daigne recevoir de ma main le poignard de Melpomene.

(*Il lui donne fon poignard.*)

SAPHO, *à Voltaire.*

Charmant Auteur que la France a vu naître! aimable Poëte, à qui la Beauté & les Grâces rendront hommage dans tous les fiecles; reçois ce préfent de Sapho, & ne refufes point cette belle ceinture qu'elle tient des mains de l'Amour.

(*Elle attache fa ceinture à Voltaire.*)

A I R.

Reçois les plus grands honneurs;
Sapho te donne fa ceinture :
C'eſt le favori des neuf Sœurs
Qu'elle orne de fa parure.
Tes beaux vers, tes difcours
Dictés par les amours,
Enchanteront toujours......
Voltaire fera toujours
Le peintre de la nature.

ANACRÉON, *à Voltaire avec tranfport.*

Ah! je fuis ton admirateur autant que la belle Sapho; & je te donne cette lyre dont Apollon m'a fait préfent; elle te convient mieux qu'à moi, & toi feul dois la poſſéder. O fenfible Voltaire! (*il lui donne fa lyre.*) Avec quelle délicatesse n'as-tu point chanté la retraite d'Anacréon! tu viens de me rendre jaloux de ton ouvrage. Si Pluton veut me le permettre, je réciterai devant lui ces beaux vers.

PLUTON.

Je te le permets, Anacréon.

ANACRÉON, *déclamant ces vers à Sapho.*

» Si vous voulez que j'aime encore
» Rendez-moi l'âge des amours:
» Au crépuscule de mes jours
» Rejoignez, s'il se peut, l'aurore.

❦

» Des beaux lieux où le Dieu du vin
» Avec l'Amour tient son empire,
» Le tems qui me prend par la main
» M'avertit que je me retire.

❦

» Nous ne vivons que deux moments ;
» Qu'il en soit un pour la sagesse ;
» Le plaisir & les agréments
» Ne sont faits que pour la jeunesse.

❦

» Quoi ! pour toujours vous me fuyez
» Tendresse ! illusion ! folie !
» Dons du Ciel qui me consoliez
» Des amertumes de la vie.

❦

« On meurt deux fois je le vois bien :
» Cesser de plaire & d'être aimable
» C'est une mort insuportable ;
» Cesser de vivre ce n'est rien.

» Ainsi je déplorois la perte
» Des erreurs de mes jeunes ans ;
» Et mon âme, aux désirs ouverte,
» Rappelloit ses enchantemens.

» Du Ciel alors daignant descendre,
» L'Amitié vint à mon secours ;
» Elle étoit plus douce, aussi tendre,
» Mais moins vive que les amours.

» Touché de sa beauté nouvelle,
» Et par sa lumiere éclairé,
» Je la suivis, mais je pleurai
» De ne pouvoir plus suivre qu'elle.

TOUTES LES OMBRES, *avec transport.*

Honneur à cette Ombre ! honneur à cette Ombre !

ZOÏLE, *aux Ombres.*

Cette poésie n'est que du clinquant ; & si jamais ces vers le font monter sur le Parnasse, ce ne sera qu'à l'insçu d'Apollon. Je ne prétends point le perfuader par des fophifmes, un fimple dialogue va me fuffire.

TOUTES LES OMBRES, *éclatant de rire.*
Ha! ha! ha! ha!

PLUTON.
Radamanthe, faites taire ces ombres.

RADAMANTHE, *se levant sur son siége.*
Faites silence.

ZOÏLE, *à Pluton.*
C'eft un petit dialogue entre Apollon & une Mufe. Le Dieu de la lumiere ayant fait un long voyage, lui demande à fon retour ce qui s'eft paffé de nouveau fur le Parnaffe.

AIR (*) *de la Confeffion.*

APOLLON, *dit à la Mufe.*

» Que je vois d'abus,
» De gens intrus,
» Ici ma chere!
» Depuis quelque tems
» Qu'en pourpoint j'ai couru les champs!
» Comment eft monté ce téméraire?
» Qu'on nomme Voltaire?

(*) Chanfon par Piron.

LA MUSE lui répond.

» Joli fanfonnet,
» Bon perroquet
» Dès la lifiere,
» Le petit fripon
» Prit d'abord le vol du chapon.

APOLLON dit à la Muse :

» Qu'a fait encore ce téméraire ?
» Répondez ma chere.

LA MUSE lui répond.

» D'abord il voulut
» Pincer le luth
» Du bon Homere,
» Et reffembla fort
» Au bon Homere quand il dort.

SCÈNE X.

PLUTON, MINOS, RADAMANTHE, ZOILE, VOLTAIRE, SOPHOCLE, ANACRÉON, SAPHO, HOMERE, LES OMBRES, SUITE DE PLUTON.

HOMERE, *fendant la presse, à Zoïle.*

INSIGNE avorton du Parnasse, si je ne craignois pas d'offenser Pluton, & ses équitables Ministres, je te ferois sentir à l'instant que mon bras n'est pas endormi !.... Respecte les talens & la mémoire d'une ombre incomparable, à qui le divin Homere cède la trompette de la poésie épique. (*Homere donne sa trompette à Voltaire.*)

(*On entend le bruit du tonnere, & on voit plusieurs éclairs.*)

PLUTON.

J'entends gronder la foudre.... quelle clarté nouvelle resplendit dans les champs Elisées ; c'est Apollon que je vois paroître.....

(*Apollon paroît au fond du théâtre.*)

SCÈNE XI.

PLUTON, MINOS, RADAMANTHE, ZOILE, VOLTAIRE, SOPHOCLE, ANACRÉON, SAPHO, HOMERE, APOLLON, LES OMBRES, SUITE DE PLUTON.

APOLLON, à Pluton.

JE descends aux Enfers, Pluton, pour y confondre la témérité d'une Ombre envieuse qui trouble le calme qui doit régner dans cet heureux séjour. J'ai entendu du haut des Cieux la question qu'elle agite devant ton auguste tribunal, & j'ai vu que cet esprit satyrique vouloit y noircir la mémoire du plus cher de mes favoris ; mais tous ses efforts seront impuissans :
(à Voltaire).

 C'est en vain qu'aux Enfers un calomniateur
 Irrite contre toi les serpens de l'envie ;
   Apollon est ton défenseur.
 Qui pourroit abaisser ton sublime génie,
   Quand le Dieu de la poësie
 Des plus rares Esprits te nomme le vainqueur !
(A Pluton).
 Et toi, Pluton, apprends à connoître Voltaire ;

Les Muses ont placé cet immortel auteur
A côté de Platon, de Sophocle & d'Homere:
Jamais aucun esprit ne fut égal au sien;
Philosophe, orateur, Poète, historien,
Lui seul de tous les arts a franchi la carriere.

PLUTON.

Apollon doit se connoître en mérite, & je m'en rapporte à son jugement. (*à Zoïle.*) Eh bien! qu'as-tu à répondre au Dieu de la poésie?

ZOÏLE, *à part.*

Me voilà confondu.

PLUTON.

Tu ne réponds rien; ton silence te condamne, & ta témérité va être punie... (*Il se leve sur son tribunal.*) Minos, & vous Radamanthe, je vous ordonne de conduire cette Ombre coupable sur les bords du lac infernal; je veux qu'on l'enchaîne à côté des Danaïdes, pour qu'il s'efforce à remplir avec elles un tonneau percé, il ne changera guere de métier.

ZOÏLE, *se jettant aux pieds de Pluton.*

Ah! Seigneur! ayez pitié de moi, je vous promets qu'à l'avenir je ne ferai plus de satyres...

PLUTON.

Non; il n'est plus tems de se repentir.

L'OMBRE DE VOLTAIRE,

VOLTAIRE, à *Pluton.*

Souverain Monarque de l'empire des morts, j'implore votre clémence ; puisque le lâche Zoïle à le courage de se repentir, je vous demande grace pour lui.

PLUTON.

Non, non, point de miséricorde ; il ne mérite point votre générosité, & mon arrêt est irrévocable.

ZOÏLE.

Juste Ciel !

PLUTON.

Je destine le même supplice à tous ceux qui auront la bassesse de l'imiter.

ZOÏLE.

Ah ! je m'apperçois, mais trop tard, que l'on ne gagne rien à dire du mal des autres ; & je ne suis pas plus heureux ici qu'ailleurs.

PLUTON.

C'en est assez ; qu'on l'entraine dans le Tartare.

ZOÏLE.

Hélas !

(*Minos & Radamanthe l'entraînent.*)

SCENE

SCÈNE XII.

PLUTON, VOLTAIRE, ANACRÉON, SAPHO, HOMERE, SOPHOCLE, APOLLON, LES OMBRES, SUITE DE PLUTON.

APOLLON.

ME voilà satisfait, Pluton; mais les defirs de mon cœur ne font pas entiérement remplis. Il faut me rendre encore un fervice; ne rejettes point la priere du Dieu des Arts.

PLUTON.

Que me demandes-tu?

APOLLON.

Tu fus autrefois fi touché des tendres plaintes d'Orphée, que tu lui rendis fa chere Euridice...... Accordes-moi une pareille faveur, & permets au fublime Voltaire de venir avec moi fur le Parnaffe, pour y recevoir l'hommage des Mufes....

PLUTON.

Non, je ne puis te l'accorder : il ne m'est pas possible de changer les loix du destin. Cette Ombre célèbre, soumise à mon pouvoir, doit occuper une place illustre dans les Champs Élisées, & elle en sera toujours le plus bel ornement.

APOLLON.

Eh bien, puisque les décrets du destin sont immuables, que du moins Voltaire, au milieu de l'Élisée, reçoive de ma main la couronne immortelle.

PLUTON.

Il la mérite par ses talens, & son triomphe honorera mon empire. Ombres heureuses, rassemblez-vous ici, & placez Voltaire sur mon trône ; que ce jour mémorable soit marqué par des fêtes, & qu'on célèbre par-tout la gloire de ce grand genie.

TOUTES LES OMBRES, *ensemble.*

Honneur à cette ombre ; honneur à cette ombre.

(*Plusieurs Ombres placent Voltaire sur le trône de Pluton, ensuite Apollon lui présente une couronne de laurier.*)

COMÉDIE BALLET.

APOLLON, *couronnant Voltaire.*

* Sur les bords du fleuve Léthé,
» Reçois, en ce jour, un hommage
„ Que confirmera, d'âge en âge,
„ La sévere postérité.
„ Tu n'avois pas besoin d'atteindre au noir rivage
„ Pour jouir des honneurs de l'Immortalité.
„ Voltaire, reçois la couronne
„ Que ma main vient te présenter;
„ Il est beau de la mériter
„ Quand c'est Apollon qui la donne.

SAPHO.

Air : *Vive Henri quatre.*

Chantons Voltaire,
Célébrons son grand nom;
Que l'on révere
Au séjour de Pluton,
Comme sur la terre,
Le rival d'Apollon.

ANACRÉON, *aux Ombres.*

Avec le Dieu du Permesse,
Offrons-lui tous un pur encens;
De nos accens d'allégresse
Faisons retentir ces champs.
Ah! quel sort glorieux!

---

* Vers de M. le Marquis de S. Marc, prononcés
à la Comédie Françoise, par Madame Vestris, à l'occasion du couronnement de Voltaire, le 30 Mars 1778.

36 L'OMBRE DE VOLTAIRE, &c.

Et qu'un Mortel est heureux
D'être placé dans ces lieux
Au rang des Dieux!
Ah! quel fort glorieux!

TOUTES LES OMBRES, *ensemble.*

Chantons Voltaire,
Célébrons son grand nom;
Que l'on révère
Au séjour de Pluton,
Comme sur la terre,
Le rival d'Apollon.

(*Entrée de différentes* OMBRES *qui dansent un ballet, pour terminer le spectacle.*)

FIN.

Lû & approuvé, à Paris le 27 Février 1779, SUARD.
Vû l'approbation, permis d'imprimer. A Paris, ce 15 Mars 1779, LE NOIR.

De l'Imprimerie de la Veuve BALLARD, Imprimeur du Roi, rue des Mathurins, 1779.

www.ingramcontent.com/pod-product-compliance
Lightning Source LLC
Chambersburg PA
CBHW060717050426
42451CB00010B/1491